AF467164

NOTICE

SUR

MADEMOISELLE LEGRAS

FONDATRICE

DES SŒURS DE CHARITÉ.

Publiée au profit d'un Ouvroir.

PARIS

P. DEVARENNE, LIBRAIRE-ÉDITEUR

RUE DU FAUBOURG SAINT-HONORÉ, 14.

VATON, RUE DU BAC, 42.

GOUJON-MILON, RUE DU BAC, 55.

1846.

MADEMOISELLE LEGRAS.

O crux ave, spes unica!

Il est un nom béni qu'on voudrait pouvoir rappeler à la reconnaissance et au respect de tous. Ce nom est celui de mademoiselle Legras, fondatrice des Sœurs de Charité, communément appelées *filles de saint Vincent de Paul.*

Ce fut en effet par l'inspiration et sous la direction de ce saint apôtre de la charité qu'elle fonda cet humble institut destiné à secourir tant de misères.

On a peu de détails sur les commencements d'une vie si pieusement célèbre. Nous serions même embarrassés de dire d'où vient la coutume établie de la nommer *Mademoiselle* au lieu de madame Legras, ainsi que le fait M. Michaud dans sa biographie, en cela conforme à la vérité, puisque *Marillac* est le nom de sa famille, et *Legras*, le nom de la famille où elle est entrée par son mariage. Par respect cependant pour une tradition que nous voyons remonter à saint Vincent de Paul, et pour nous soumettre d'ailleurs à l'exemple que nous donne l'historien de sa vie, nous lui conserverons dans cette notice le nom de *Mademoiselle Legras* que la coutume lui donne [1].

Louise de Marillac naquit à Paris le 12 août 1591. Fille de Louis *de Marillac*, sieur de Ferrières, et nièce du chancelier de Marillac, traducteur de l'*Imitation de Jésus-Christ*, parente par sa mère (*Marguerite Lecamus*) de M. Lecamus, évêque de Belley, qui fut son premier guide spirituel, de bonne heure elle eut sous les yeux les grands exemples de vertus qui devaient refleurir dans sa propre existence. Elle était encore enfant quand elle perdit sa mère. Chargé désormais lui seul de ce précieux dépôt et de la grande responsabilité d'une âme à développer au bien, son père prit un soin particulier de son éducation. Après avoir pourvu

1. Voyez sa vie, écrite par Gobillon, curé de Saint-Laurent, revue par Collet.

d'abord au soin de lui faire donner une instruction solidement chrétienne, il lui fit cultiver quelques talents, lui fit apprendre les ouvrages conformes à sa position, et n'oublia rien en outre de ce qui pouvait développer les grâces de son esprit et de sa personne. Elle s'appliqua particulièrement à l'art de la peinture, et, longtemps après sa mort, on conservait encore dans sa famille quelques tableaux de piété qui avaient été peints par elle. Son père, découvrant chaque jour dans son esprit un fonds capable de toutes sortes d'études, lui fit étudier la philosophie pour lui former le raisonnement et pour lui faire trouver plus de facilité aux sciences les plus élevées. Son plus grand plaisir était de s'entretenir avec elle de ses lectures, et de voir les réflexions qu'elle en faisait par écrit. Il eut tant de satisfaction de l'obéissance avec laquelle sa fille secondait tous ses desseins qu'il déclara, par son testament, « *qu'elle avait fait sa plus douce consolation dans* « *ce monde, et qu'il croyait qu'elle lui avait été* « *donnée de Dieu pour son repos d'esprit dans les* « *afflictions de la vie.* »

Dignes commencements d'une vie qui devait être si agréable au Seigneur !

Si nous nous sommes arrêtés à décrire les connaissances et les talents que mademoiselle de Marillac dut à son éducation, ce n'est pas dans la pensée de lui faire un grand mérite des avantages qu'elle a si bien mis au pied de la croix avec les autres vanités mondaines. Nous ne pouvons oublier que celle dont nous retraçons le souvenir avait pris pour devise ces paroles sévères : « *O crux ave, spes unica.* » Mais nous voulons répondre au préjugé des gens frivoles « que c'est par ignorance ou par simplicité d'esprit qu'on se dévoue à l'humble service des pauvres. » Nous ne concevons pas d'exemple d'une plus haute moralité que celui d'une intelligence éclairée, adoptant par choix la charité, comme le plus digne emploi de la vie et la plus désirable vocation.

Comme, dès sa première jeunesse, Louise de Marillac eut toujours un grand éloignement pour la vie du monde, on eut quelque peine à la détourner de se faire religieuse; mais la délicatesse de sa santé, qui la rendait peu propre aux austérités du cloître, lui fit comprendre que Dieu avait quelque autre dessein sur elle. Dans le temps qu'elle hésitait sur le parti qu'elle avait à prendre, la mort lui enleva son père.

Jeune, unique héritière d'une maison considérable, se défiant d'une trop grande indépendance, et cédant aux avis les plus respectables, elle prit le parti du mariage, ne pouvant prendre celui de la religion qu'alors elle eût préféré. Dieu voulait sans doute offrir en elle un modèle accompli pour tous les états. Comme il la destinait surtout à l'assistance des malheureux, il l'unit à une famille qui faisait une profession particulière de charité, en lui donnant pour époux Antoine Legras, secrétaire de la reine Marie de Médicis. Elle avait vingt ans quand elle se maria, en l'année 1613.

On l'a dit sans rien exagérer, il n'est pas un seul devoir essentiel de la vie qu'elle ait négligé; elle sut allier les obligations de la famille aux soins les plus assidus des pauvres et des malades. Cette vertu qui, selon la doctrine du Saint-Esprit, s'affermit et s'augmente de plus en plus à mesure qu'on la pratique, s'établit si bien dans son cœur qu'elle ne mit plus de bornes à son zèle. Elle ne se contenta pas d'assister les malades dans leur maison, elle alla les visiter dans les hôpitaux pour ajouter quelques douceurs aux secours nécessaires qui leur étaient fournis, et pour leur rendre elle-même tous les services les plus pénibles... Mais ce n'était pas assez pour elle de servir de sa personne les membres souffrants de Jésus-Christ : elle voulut que d'autres dames partageassent cet honneur avec elle. C'est ainsi que, dès lors, elle faisait l'essai du grand ouvrage qu'elle devait un jour entreprendre pour le soulagement de toutes les misères, par l'institution d'une communauté de filles dont elle a témoigné, par écrit, avoir conçu quelque dessein dès le temps de son mariage.

Quoiqu'elle vécût dans le monde, elle eut toujours le cœur éloigné de ses faux plaisirs, de ses dangereuses maximes et de ses vanités. Simple dans ses habits, appliquée au gouvernement de sa famille et de sa maison, après avoir été admirable comme fille, elle le fut comme femme, et aussi comme mère, et sut inspirer à son fils les principes d'honneur et de religion qui l'animaient elle-même [1].

La Providence divine, qui voulait la sanctifier par les plus sensibles épreuves, permit que son mari, plusieurs années avant de mourir, tombât en de grandes infirmités qui le rendirent

1. Conseiller en la Cour des Monnaies.

d'une humeur fâcheuse. Le grand soin qu'elle eut pendant ce temps de prévenir ou de calmer affectueusement ses souffrances, fut comme une épreuve et un apprentissage pour sa charité. Elle y acquit alors tant d'expérience qu'elle fut dans la suite en état d'y former ses filles, et de leur donner, sur ce point si essentiel de consoler les malades en les soulageant, des conseils pleins de prudence et de sagesse. Et quand elle le perdit, elle eut la consolation de penser que ses prières et son affection avaient pu contribuer à le mettre dans les dispositions chrétiennes nécessaires pour bien mourir.

Cet événement, qui devait lui laisser désormais tant de loisir, fut le moment décisif de sa vocation aux bonnes œuvres et au célibat. Jean-Pierre Lecamus, évêque de Belley, ce parfait ami de saint François de Sales, avait été son premier directeur dans la vie spirituelle ; ainsi que nous l'avons dit plus haut, il avait avec elle des liens de parenté. La voyant dans de si saintes dispositions, il ne pensa qu'à l'y affermir. Mais comme les besoins de son diocèse ne lui permettaient pas de faire de longs séjours à Paris ni de diriger la marche de sa vertueuse pénitente, il crut ne la pouvoir confier à un guide plus sage que le grand Vincent de Paul, dont François de Sales lui avait donné la plus haute et la plus juste idée. C'est ainsi que par une secrète disposition de la Providence ce prélat fut heureusement l'auteur de la sainte liaison par laquelle ces deux existences se trouveront tellement unies pour le bien, qu'elles sembleront n'en former qu'une.

Quoiqu'une direction particulière ne s'accordât pas avec le plan que le saint prêtre avait formé, de travailler principalement dans les campagnes, les justes égards qu'il avait pour M. de Belley ne lui permirent pas de refuser, et la Providence, qui va doucement mais sûrement à son but, le lui permit encore moins.

Dès lors mademoiselle Legras voulait s'engager par un vœu irrévocable au service des pauvres; mais Vincent de Paul qui, en ces sortes de matières, et presque dans toute autre, allait à pas comptés, voulut à son tour qu'elle consultât Dieu, par les moyens connus des personnes pieuses: la prière, la retraite, et la fréquente participation au très-saint Sacrement.

Après trois ans d'une sorte de noviciat, qui ne fut qu'une suite de bonnes œuvres, M. Vincent (comme on disait alors) commença à l'employer dans ses missions pour le service des pauvres. Ce fut en l'année 1629 que, pour la première fois, il l'envoya visiter dans les villages les confréries de charité qu'il avait établies et au moyen desquelles de vertueuses femmes s'assemblaient pour secourir les pauvres malades [1].

Dieu, dont la main seconda toujours la sienne, avait béni cet ouvrage de piété, et les congrégations se multiplièrent bientôt, non-seulement dans les campagnes, mais aussi dans les villes. Et, dans cette même année 1629, il s'en établit une à Paris dans la paroisse de Saint-Sauveur.

Cette âme fidèle et zélée reçut avec respect les avis du saint prêtre, et n'entreprit jamais rien d'essentiel que sous une entière dépendance à ses inspirations, le regardant comme le ministre et l'interprète de la volonté divine.

Avant de commencer ses édifiants voyages de charité, elle voulait prendre une instruction écrite de sa main, et le jour du départ elle commençait par recevoir avec le saint Sacrement une communication plus abondante de la divine charité.

1. La première avait été instituée à Châtillon en Bresse.

Elle alla d'abord à Montmirail; puis successivement elle visita les confréries de Saint-Cloud, de Villepreux, de Villiers-le-Bel, etc. Quelquefois elle trouvait quelque opposition au bien qu'elle voulait faire; d'autres fois elle se voyait au contraire reçue avec honneur; mais elle s'humiliait aussi bien devant les honneurs que devant les mépris, imitant l'abeille qui fait son miel aussi bien de la rosée qui tombe sur l'absinthe que de celle qui tombe sur la rose. Ni la faiblesse de sa santé ni les infirmités ne pouvaient l'arrêter. Elle faisait ordinairement ces voyages dans des voitures pénibles, accompagnée de quelques dames pieuses, qui voulaient comme elle prendre leur part des incommodités et de la misère des pauvres. Elle portait une grande provision de linge et de médicaments, et faisait à ses frais toutes les dépenses et toutes les aumônes. Lorsqu'elle était arrivée, elle assemblait les femmes associées à la confrérie de charité, et s'entendait avec elles pour tout le bien qui était à faire.

Après avoir pourvu aux infirmités du corps, elle travaillait à remédier aux maladies de l'âme; et comme l'ignorance en est en général le principe, elle employait tous ses soins pour la détruire. Dans cette vue, elle assemblait les filles ignorantes de la campagne et leur apprenait, avec les principes de la foi, les devoirs de la vie chrétienne. S'il y avait une maîtresse dans le lieu, elle l'instruisait à mieux faire son devoir; s'il n'y en avait pas, elle tâchait d'en établir. On vit revivre en elle ces veuves des premièrs siècles, lesquelles, suivant l'ordonnance du quatrième concile de Carthage, étaient choisies pour enseigner les femmes rustiques et ignorantes. Mais il ne lui eût pas semblé juste de donner tous ses soins aux infirmités de la campagne; Paris eut bientôt sa part. Il ne se passa pas une année sans qu'elle eût établi dans sa paroisse (Saint-Nicolas du Chardonnet) une congrégation semblable. Elle consacra cette fondation naissante par l'œuvre de charité la plus parfaite et la plus héroïque. Il y avait dans la paroisse une fille attaquée de la peste; ce mal, dont l'idée seule effraie, n'arrêta pas un instant son zèle; elle visita généreusement la malade, et pour lui sauver la vie, ou pour lui en procurer une meilleure après celle-ci, elle ne balança pas à exposer la sienne.

Mais, ainsi que M. Vincent le lui écrivit alors, « il n'y avait rien à craindre pour elle, Dieu la

« conservait pour une œuvre qui intéressait sa « gloire. »

Elle continua ainsi à l'imitation de Notre-Seigneur; parcourant comme lui les villes et les campagnes, portant partout l'esprit de charité. Mais saint Vincent de Paul lui recommandait toujours, avant toute chose, la sainte obéissance non-seulement aux évêques, mais aussi à MM. les curés, et de ne rien commencer dans les paroisses sans leur agrément.

Cependant les confréries de charité étaient loin encore d'avoir la perfection désirable dans la campagne; les femmes qui s'y engageaient servaient elles-mêmes les malades, faisaient leur lit, préparaient les médicaments et la nourriture. Mais quand elles furent érigées à Paris, comme un grand nombre de dames de la première qualité s'y agrégèrent, il n'y avait pas d'apparence, quelque zèle qu'on leur supposât, qu'elles pussent s'exposer sans cesse à un air contagieux, monter plusieurs fois par jour à des troisième et quatrième étages, et rendre, de leurs propres mains, à de pauvres malades, des services qu'un proche parent n'aurait pas osé exiger d'elles. Saint Vincent de Paul, qui ne se faisait pas d'illusions, le sentit; ce qui lui fit juger qu'il fallait absolument avoir de véritables servantes des pauvres, qui, sous la direction des dames, n'eussent d'autre emploi que le service des pauvres et des malades. Dans ses missions il parla d'abord à des filles de la campagne et il en trouva qui offrirent de consacrer toute leur vie à cette œuvre méritoire. Mais on reconnut bientôt qu'elles ne pourraient se passer d'une règle, d'un lien commun, d'une supérieure, pour les unir en communauté, afin qu'elles fussent formées par elle, et qu'il y en eût toujours en réserve pour fournir aux différents besoins. Nulle ne pouvait être plus capable de cet emploi de fondatrice et de supérieure que mademoiselle Legras. Elle demeurait alors près Saint-Nicolas du Chardonnet, et c'est là que prit naissance, en l'année 1633, cette sainte compagnie des filles de Charité.

Une compagnie de dames, des plus hauts rangs de la société, fournirent d'abord un fonds commun qui se trouva suffisant pour pourvoir d'abord à toutes les misères. Mais, si elles donnaient aux pauvres leurs richesses, elles avaient besoin d'être secondées par les filles, pour les emplois plus humbles de la charité. La prudente supérieure, dont l'intelligence égalait le zèle, voulut donner à ses filles une industrie qui leur permît aussi d'y contribuer elles-mêmes. Elle leur apprit à faire des gelées, non-seulement pour en fournir aux malades de l'Hôtel-Dieu, mais aussi pour en vendre dans Paris au profit des pauvres...

Tels furent les humbles commencements de cette sainte compagnie de filles, qui, par une grâce spéciale de la Providence, s'est trouvée capable de pourvoir aux besoins des pauvres de toutes sortes d'états et de pays, d'entretenir des missions, passer les mers et répandre leurs bienfaits jusqu'aux extrémités du monde...

Le nombre de filles qui se présentaient pour entrer dans la pieuse compagnie augmentant chaque jour, il fallut chercher pour les loger une plus grande maison. Mademoiselle Legras ne trouva pas alors de lieu plus commode que La Chapelle près Paris, où elle se trouvait à portée de consulter saint Vincent de Paul, et en même temps d'élever sa communauté naissante, dans un esprit de véritable humilité, et de la former à la vie simple, unie, laborieuse des compagnies, sur laquelle devaient être réglées leurs habitudes, leur nourriture et leurs emplois.

Ce fut là aussi qu'elle commença à exercer la

vertu d'hospitalité, si recommandée par saint Paul. Un grand nombre de filles des frontières de la Picardie, obligées de quitter leur maison, par la crainte des ennemis qui approchaient de cette province, trouvèrent dans la maison de mademoiselle Legras un secourable asile. Non contente de leur offrir la nourriture et le logement, elle y ajouta l'aumône spirituelle d'une mission qu'elle leur procura; aumône utile aux riches du monde aussi bien qu'aux pauvres. Cette supérieure, si éclairée, prit toujours un grand soin de faire régner l'esprit d'oraison parmi ses filles, comme la plus sûre sauvegarde de toutes les vertus nécessaires à leur vocation.

Les occasions ne manquèrent pas à la sublime mission de charité entreprise par mademoiselle Legras; mais la Providence lui en fournit une des plus pressantes et des plus dignes de sa piété dans la personne des enfants trouvés. Ces enfants malheureux, trop souvent les fruits de l'impureté, en devenaient ensuite les victimes : ils étaient exposés à toutes sortes de périls; souvent même à la perte du salut par la privation du baptême, quoiqu'on y eût pourvu depuis quelques années, et qu'on eût établi au port Saint-Landry une femme gagée

et une couche pour les recevoir. Néanmoins, comme il n'y avait de fonds que pour deux nourrices, il en mourut un grand nombre de faim et de misère, et cette gouvernante, pour s'en décharger le plus tôt possible, en donnait à tous ceux qui en demandaient; d'où il arrivait souvent qu'on les laisait servir à des usages criminels ou préjudiciables à leur vie. Il s'en trouvait même à qui des mendiants brisaient les membres pour exciter, par ce déplorable spectacle, la compassion des passants, et en obtenir des aumônes plus abondantes. Mademoiselle Legras ne put, sans la plus vive émotion, apprendre un tel désordre. Selon sa coutume, elle commença par en informer saint Vincent de Paul, le père et la ressource inépuisable des malheureux ; celui-ci en parla aux dames de son assemblée, qui depuis longtemps avaient appris, sous un si grand maître, à ne rien trouver d'impossible. La proposition de secourir ces enfants fut acceptée, et comme ils étaient trop nombreux pour qu'on pût se charger de tous, on commença par en tirer douze au sort, auxquels on donna de bonnes nourrices, et tout ce qui était nécessaire à leur entretien. On résolut en même temps d'en augmenter le nombre, à mesure que la Providence fournirait de nouveaux fonds. Ces dames louèrent dans le faubourg Saint-Victor une maison plus grande pour les loger et pour leur faire trouver, dans la charité, des mères qu'ils n'avaient pas trouvées dans la nature. Mais le zèle de ces dames, par diverses raisons, s'était en peu de temps à tel point ralenti, que ces dames, d'ailleurs si charitables, voulaient abandonner le soin de ces pauvres enfants; ce fut alors (en l'année 1648) que le saint prêtre, ayant indiqué une assemblée générale, fit ce discours si touchant, et si souvent cité comme le modèle de la plus irrésistible éloquence.

Ce discours, auquel l'assemblée ne répondit que par des larmes, valut à ces pauvres abandonnés l'assistance maternelle que le Saint avait demandée pour eux. Bénissons encore une fois la main charitable qui, la première, s'est étendue sur ces innocentes et malheureuses créatures!

Pour les préserver désormais de l'abandon, saint Vincent les remit aux soins de mademoiselle Legras et de ses filles [1].

Après les enfants trouvés, cette œuvre de

1. Voyez à la fin de cette notice une note historique sur l'origine des tours.

prédilection de son cœur, saint Vincent de Paul songea au malheureux état des forçats condamnés aux galères... Aurait-il pu les oublier, lui qui, dans sa jeunesse, avait été esclave en Barbarie? Bientôt mademoiselle Legras attacha un certain nombre de ses filles à cette œuvre si pénible et si méritoire, de soigner des forçats dans leurs infirmités et dans leurs maladies.

En l'année 1646, la ville de Nantes, sur le bruit des grands services que les filles de charité rendaient à l'Hôtel-Dieu d'Angers, en voulut avoir à son tour. Pour plus de certitude d'en obtenir, on s'adressa d'abord à saint Vincent de Paul, le père commun de la mère et des filles. Le saint y envoya mademoiselle Legras avec huit des sœurs. On aime à trouver, dans une lettre d'elle adressée au saint prêtre, l'édifiant et naïf récit de quelques particularités de son voyage :

« . . . . . Le jeudi 26, nous nous mîmes « dans le coche d'Orléans, et Dieu nous fit la « grâce de faire le voyage sans manquer à nos « observances. A l'abord des villages et des « villes, quelqu'une nous faisait souvenir de « saluer les bons anges avec désir qu'ils re-

« doublassent les soins des âmes de ces lieux-là;
« pour les aider à glorifier Dieu éternellement.
« En passant devant les églises nous faisions un
« acte d'adoration au Saint-Sacrement, saluant
« aussi les saints patrons.

« Arrivant au lieu du repas et des gîtes,
« quelques-unes des sœurs allaient à l'église
« rendre grâce à Dieu de son assistance, lui en
« demander la continuation, et sa bénédiction
« pour faire sa sainte volonté. S'il y avait un
« hôpital, les mêmes sœurs l'allaient visiter,
« ou sinon, quelque autre malade du lieu; et
« cela au nom de la compagnie, pour conti-
« nuation d'offres de nos services et nos de-
« voirs à Dieu en la personne des pauvres.

« Dans les occasions nous disions quelques
« mots, soit des principaux points de la foi,
« nécessaires à savoir pour faire son salut; ou
« quelques petits avertissements pour les
« mœurs, mais brièvement. Quand nous le
« pouvions nous allions le matin à l'église.

« Nous eûmes l'honneur, au pont de Cé,
« d'être chassées de l'hôtellerie, où nous arri-
« vâmes un jeudi fort tard : mais au sortir de
« cette chère maison, nous trouvâmes une
« bonne dame qui nous recueillit bénignement.

« Nous arrivâmes à Nantes le huitième août, « à deux ou trois heures après midi. Nous allâ- « mes d'abord à l'église des Ursulines qui était « la plus proche, pour y adorer Dieu et nous « donner tout de nouveau à lui, pour exécuter sa « sainte volonté.

« Aussitôt plusieurs dames nous y vinrent « trouver, et nous menèrent à l'hôpital, où, « sitôt que nous fûmes arrivées, messieurs les « pères et administrateurs nous donnèrent tout « pouvoir; mais quelque autorité qu'ils nous « donnassent, nous n'entreprîmes rien sans le « leur communiquer, et avoir obtenu leur con- « sentement.

« Toutes les dames de la ville prirent la peine « de venir nous visiter, et même beaucoup de « dames de la campagne et quantité de supé- « rieurs de religions réformées; plusieurs cou- « vents de religieuses obligèrent des dames de « nous y mener, désirant de voir nos sœurs et « leur habit. Dès le lendemain nos sœurs se mi- « rent à travailler avec grand zèle, et en peu « de jours il s'y trouva un tel changement, que « le monde prenait plaisir à y venir. Il y avait « au repas des pauvres une telle affluence de « monde, qu'on ne pouvait presque plus ap-

« procher des tables ni des lits des malades.

« Quelques dames de la ville s'étant exercées « à visiter les malades depuis plusieurs mois, et « à leur porter des bouillons et autres choses, « nous leur proposâmes de les visiter d'une au- « tre manière, et de se dispenser de venir le « matin, qui pouvait être un temps incommode « pour leur famille, comme aussi de porter des « bouillons; mais qu'elles feraient mieux d'y « venir à deux heures après midi avec quelques « confitures et autres choses semblables, comme « les dames font à l'Hôtel-Dieu de Paris, et elles « résolurent de suivre notre avis.

« Quelques jours après que l'acte de notre « établissement fut signé, nous nous disposâ- « mes à revenir. Toutes nos sœurs nous témoi- « gnèrent demeurer avec grand désir de bien « faire, et nous en renouvelèrent leur résolu- « tion avant que je partisse, en sorte que j'en « demeurai fort consolée. »

Quand on lit avec quelque attention cette lettre empreinte d'un si grand esprit de piété on n'est surpris ni du grand accueil qu'on leur fait quand elles arrivent dans un lieu, ni des bénédictions que Dieu répand sur leurs travaux.

Comme les emplois de charité se multipliaient chaque jour pour celles qui n'en refusaient aucun, la maison de La Chapelle à son tour se trouva bientôt trop petite. Mademoiselle Legras vint alors se loger avec sa communauté au faubourg Saint-Lazare. C'est là qu'elle édifia véritablement une demeure et un sanctuaire pour la charité. Cette maison devint le refuge de toutes les infortunes que son inépuisable charité y attirait de toutes parts. Bientôt ses filles furent assez nombreuses pour voler au secours de toutes les souffrances; elle en donne aux prisons, aux hôpitaux, on lui en demande pour les paroisses des maisons royales . . . . . elle suffit à tout. Elle en envoie dans les campagnes, dans les villes de province et même jusque dans les pays étrangers.

La reine de France Anne d'Autriche en demande pour ses malades de Fontainebleau, et la confiance de cette reine croissant avec les années, elle les crut capables même de ces sortes d'emplois qui ne semblent faits ni pour un sexe timide, ni pour un état qui engage par vœu à la plus sévère chasteté. Quand la ville de Calais fut assiégée [1], cette princesse, qui se trouvait

[1] En l'année 1658.

sur les lieux, fut touchée du triste état d'un grand nombre de soldats qu'on voyait blessés, accablés de souffrances, manquer pour l'âme et pour le corps des secours qui leur étaient nécessaires. Pour y remédier elle fit établir un hôpital à Calais et, pour que rien n'y manquât, elle s'adressa à saint Vincent de Paul, qu'elle avait mis à la tête de son conseil pendant la minorité de son fils. Il fit partir sur-le-champ quatre sœurs des plus fortes et des plus propres à cet emploi. Mais leur santé ne put tenir contre tant de fatigues et de dangers. « *Cependant*, écrivait « le saint, *de quatre qu'elles étaient en voilà* « *deux qui ont succombé. Imaginez-vous ce que* « *c'est que quatre pauvres filles à l'entour de* « *cinq ou six cents soldats blessés ou malades.* »

La reine de Pologne, Louise-Marie de Gonzague, qui pour lors était reine, avait été élevée en France ; elle se souvenait de ces assemblées de charité auxquelles elle avait souvent assisté dans sa jeunesse. Elle savait le bien qui peut résulter des missions et des établissements charitables, et, quand elle entendit parler de cette fondation nouvelle, les plus chers souvenirs de sa vie se ranimèrent ; elle réclama alors, pour les misères qu'elle avait sous les yeux, le secours d'une charité qui ne connaissait pas de bornes.

La distance, les difficultés du voyage, rien ne put faire hésiter ces filles intrépides. Dans tous les pays qu'elles traversèrent pour se rendre en Pologne, on accourait pour les voir ; on admirait leur courage : l'hérésie même respectait leur vertu.

Elles ne pouvaient arriver plus à propos à Varsovie : la peste y régnait; et l'une d'elles y trouva bientôt la mort... La reine fut si charmée de leur charité, de cette charité qui lui rappelait saint Vincent de Paul, la France et sa jeunesse, qu'elle prenait souvent plaisir à passer avec elles des journées entières. Touchée de leur exemple, elle visita les hôpitaux, les entretint de ses aumônes, et son zèle alla même jusqu'à servir de ses propres mains les pauvres dans leurs maladies. Mais les plus sublimes vertus ne préservent pas les reines des révolutions de la terre! Quelques sœurs de Paris ayant été appelées à venir augmenter le nombre des sœurs de la Pologne, elles apprirent en route les changements survenus dans ce royaume, et reçurent l'ordre de revenir à Paris; mais les premières sœurs que la reine avait appelées la suivirent en Allemagne, où elle s'était retirée, et l'aidèrent à se consoler dans toutes les vicissitudes de sa vie en continuant à faire le bien.

Un petit hôpital du saint nom de Jésus, consacré en l'année 1653 à quarante pauvres artisans, fondé par l'active charité de saint Vincent de Paul unie à celle de mademoiselle Legras, servit depuis de modèle à l'hôpital immense connu sous le nom d'hôpital général, et desservi par les sœurs.

Après tant d'entreprises pour le soulagement des malheureux de toute espèce, il ne restait plus à s'occuper que des pauvres aliénés qui étaient renfermés dans l'hôpital des Petites Maisons. Quelque pénible, quelque dangereux même que fût cet emploi, mademoiselle Legras n'hésita pas à s'en charger. Il n'y a que la foi religieuse qui puisse faire comprendre comment une femme seule a pu suffire à tant d'emplois de charité, malgré des infirmités presque continuelles et toujours croissantes.

Mais cette charité de son cœur, qui s'étendait à tout, ne pouvait manquer de s'attacher plus particulièrement au soin de ses filles. Rien n'était plus doux que son gouvernement, empreint cependant d'une certaine sévérité prudente et maternelle. Elle les exhortait souvent à une sainte cordialité, c'était son terme. Leur enseignant elle-même ce grand art de la charité où elle était si habile, elle les dressait au service des pauvres, mais surtout au soin des âmes, leur recommandant sans cesse la patience, la persuasion, l'humilité, la douceur [1].

Mais il ne suffisait pas au zèle de mademoiselle Legras d'avoir formé une sainte compagnie de sœurs, servantes des pauvres. Unies ensemble par le lien de la charité, elle sentait que, pour donner à cet institut toute la consistance nécessaire, il lui fallait l'approbation de l'Église. C'était aussi l'avis de saint Vincent de Paul. Sur sa demande, l'archevêque de Paris érigea la compagnie en communauté. Les lettres-patentes furent données par son coadjuteur (le cardinal de Retz), et enregistrées par le parlement [2].

Ainsi fut réalisé par *saint Vincent de Paul,*

1. C'est par cette belle vertu de la douceur que l'une d'elles convertit un mahométan malade, et soigné par elle à l'hôpital.

2. Les règles générales et particulières données à cet institut par saint Vincent de Paul et considérées comme un chef-d'œuvre de sagesse, ont été approuvées en cour de Rome en 1665.

aidé de mademoiselle Legras, le projet que s'était d'abord proposé *saint François de Sales* lorsqu'il commença l'ordre de la *Visitation.* Cédant à des conseils qui lui parurent sages, et à de hautes considérations, il résolut à la fin de mettre les filles de la *Visitation* en clôture, et d'en faire un corps de religieuses, leur donnant pour première supérieure la bienheureuse mère de Chantal, qui répandit sur cet ordre l'éclat de ses vertus, de son nom, de sa miraculeuse intrépidité [1].

Il fallait sans doute des vertus plus communes à la fondatrice d'une communauté dont tous les miracles devaient être simplement des miracles de dévouement, d'abnégation, et d'humble charité.

« *Car c'est un institut qui*, selon les paroles de « son saint fondateur, *ne devait avoir pour mo-* « *nastère que la maison des malades, pour cellule* « *qu'une pauvre chambre, et bien souvent de* « *louage, pour cloître que les rues, pour clôture* « *que l'obéissance, pour grille que la crainte de* « *Dieu, pour voile que la sainte modestie.* »

1 On sait que madame de Chantal passa sur le corps de son fils en s'arrachant des bras de son vieux père, pour être fidèle à la résolution qu'elle avait prise.

Il ne restait plus à saint Vincent de Paul et à sa pieuse coopératrice que de recevoir dans les cieux la couronne qui les attendait après tant de bonnes œuvres. La même année les moissonna l'un et l'autre. Mademoiselle Legras fut la première qui succomba. Il y avait déjà plusieurs années qu'elle était sujette à de grandes infirmités. Il faut entendre saint Vincent de Paul lui-même parler de sa faible existence, soutenue miraculeusement par la grâce. Dès l'année 1647, il écrivait au supérieur de la mission à Gênes :

« Je considère mademoiselle Legras comme « morte naturellement depuis dix ans. A la « voir, on croirait qu'elle sort du tombeau, tant « son corps est débile et son visage pâle; mais « Dieu sait jusqu'où va la force de son esprit. »

Elle combattit longtemps contre la maladie; mais enfin il fallut céder, et accepter le repos que lui imposait la souffrance.

Tant que dura son mal, elle fut fidèlement visitée par un grand nombre de dames; mais il n'y en eut pas de qui elle reçut plus de marques d'estime et d'affection que de madame la duchesse de Ventadour, qui passa près d'elle la dernière nuit et reçut son dernier soupir. Sainte égalité des âmes pieuses, véritable cité de Dieu, dont l'union des cœurs charitables nous offre la douce image sur la terre!

Ce fut le 15 mars 1660, âgée de soixante-neuf ans, que Louise de Marillac succomba.

Après avoir reçu l'extrême onction, elle voulut encore donner de pieux conseils à son fils qui avait assisté, avec toute sa famille, à cette triste et sainte cérémonie. Puis, ayant jeté un regard mourant sur ses filles, qui fondaient en larmes, elle les bénit, leur recommandant encore une dernière fois l'amour de leur vocation et la fidélité au service des pauvres... C'est ainsi qu'elle passa de la terre au ciel, conservant jusqu'à la fin l'esprit de douceur, d'égalité, de patience, de résignation, qu'elle avait pratiqué dans les différentes épreuves de la vie.

Une des plus sensibles qu'elle eut sans doute jamais eu à subir fut celle que Dieu lui imposa dans cette dernière maladie, en la privant de la chère assistance de saint Vincent de Paul. Il se trouvait alors si souffrant de son côté qu'il ne put lui faire une seule visite. Comme elle le vit dans l'impossibilité de lui rendre à la mort cet office de charité qu'elle avait désiré avec la plus vive ardeur, elle lui envoya demander, écrites de sa main, au moins quelques paroles de consolation; tant il est difficile au cœur humain d'être entièrement libre de toute attache...; mais l'épreuve fut tout entière pour sa vertu. Ce sage directeur ne jugea pas à propos de lui accorder cet adoucissement; il se contenta de lui envoyer un des prêtres de sa compagnie pour lui dire de sa part « qu'elle s'en al-« lait devant, mais qu'il espérait bientôt la revoir « dans le ciel. »

Quoiqu'il n'y eût rien plus capable de la toucher que cette privation, elle la reçut et la supporta avec une paix et une tranquillité extraordinaires, demeurant désormais invinciblement unie et attachée au bon plaisir de Dieu.

Mais, s'il est permis à notre faiblesse d'interpréter les sentiments secrets de cette femme angélique en ce moment suprême, sans doute la pieuse mourante serra plus fortement alors sa croix contre son cœur en exhalant avec son dernier soupir ce *crux ave, spes unica*, que, pendant sa vie, elle avait si souvent répété [1].

1. Voulant être fidèle, même après la mort, à son vœu d'humilité, elle avait eu grand soin de recommander qu'on ne fît pour ses funérailles d'autres dépenses que pour la sépulture de l'une de ses filles. Comme son corps fut d'abord déposé dans la chapelle, et qu'elle avait demandé que l'on mît sur sa tombe une croix avec ces mots : *Spes unica*, on l'attacha vis-à-vis, le plus près possible, sur la mu-

Nous pensons qu'il est inutile de rien dire de plus pour honorer la mémoire de la vénérable mère des sœurs de Charité; mais, parmi les pensées qu'on a recueillies d'elle, adressées à ses filles sous forme de méditations, il s'en trouve une qui nous a semblé la plus convenable conclusion de cette Notice; nous avons cru devoir la donner ici dans toute la naïveté de son langage.

Pensée sur la vocation des filles de Charité et sur l'estime de cette vocation.

« Une des plus grandes grâces que Dieu vous « ait faites, mes chères sœurs, pour l'avancement de vos âmes en la perfection chrétienne, « est votre vocation à la compagnie de la Charité : c'est pourquoi j'ai cru qu'il était nécessaire de vous avertir des sentiments que vous « en devez avoir.

« Vous en pouvez avoir de très-bas et de très-hauts, et l'une ne contredira pas l'autre; de « très-bas, mes sœurs : y a-t-il rien de plus ravalé aux yeux du monde que le commence-

raille, mais en dehors, du côté du cimetière, près la sépulture des simples filles, pour servir comme d'une sainte devise, commune à tous leurs tombeaux.

« ment de votre établissement ? Quelques filles « de village vinrent à Paris, et furent employées « à porter des marmites et des remèdes ; on les « assembla ensuite en communauté, et on en « forma la Compagnie sans rien changer, ni « dans la vie, ni dans les habits, de la simpli- « cité et de la grossièreté de la campagne. Y « a-t-il rien de plus bas et de plus abject à « l'égard des yeux du monde ? Hélas ! mes pau- « vres sœurs, nous n'osions quasi paraître dans « les rues au commencement. . . Et, à l'égard « de vous-mêmes, que de fatigues et de tra- « vail, à servir les enfants, les galériens et les « pauvres ? que de difficultés, d'être mal nour- « ries et toujours engagées dans des emplois « pénibles ? Tout cela n'est - il pas capable « de vous faire concevoir une idée très-basse « de notre Compagnie ? Il est bon de vous re- « mettre souvent devant les yeux, qu'elle est, « au jugement du monde, la plus chétive et la « plus misérable qui soit en l'Église, et savez- « vous quel bien vous fera cette impression for- « tement mise en votre esprit ? C'est que vous « ne serez jamais surprises, quand, par quel- « que rencontre de mépris ou de peine, il vous « arrivera du mécontentement.

« Mais, d'un autre côté, il sera très-consolant « pour vous de voir que la bonté de Dieu vous « a appelées à cette manière de vie, pour vous « faire honorer celle de son Fils sur la terre. . .

« Or, sans y penser, je vous dis la haute estime « que vous devez avoir de votre Compagnie. Y « a-t-il rien de plus élevé qu'une vocation qui « engage à l'imitation d'un si grand et si parfait « modèle?

« Considérez dans son établissement les « moyens dont Dieu s'est servi, pour mettre « celles mêmes qui sont les plus pauvres, en « état d'exercer la charité. Laquelle d'entre « vous aurait jamais pu espérer porter tous les « jours de la nourriture seulement à un seul « malade? qui aurait pu entreprendre de leur « fournir continuellement des remèdes, et de « panser leurs maux? Mais bien plus, qui aurait « pu espérer d'avoir une entrée libre dans les « maisons, pour parler aux personnes de leur « salut, et de leur faire connaître le mauvais « état auquel souvent ils peuvent être? Pour « moi, il faut que je vous avoue que j'aurais « bien pu, avec la grâce de Dieu, le désirer, « mais non l'espérer, et néanmoins vous voyez « que c'est ce que vous faites tous les jours.....

« Et quoique que vous soyez de très-pauvres « filles, et que de vous-mêmes vous n'ayez au- « cun moyen de faire du bien, néanmoins vous « en faites, et vous en pouvez faire incompara- « blement plus que les plus grandes dames du « monde, puisque ce n'est rien de donner son « bien au prix de se donner soi-même, employer « tous les moments de sa vie, l'exposer même « au danger, pour l'amour de Dieu, en servant « les pauvres. Faites donc une grande et juste « estime de la grâce qui vous a donné un si saint « emploi[1]. »

1. Voyez à la fin de la *Vie de la vénérable Louise de Marillac,* veuve de M. Legras, par M. Gobillon, curé de Saint-Laurent, la table des lieux où les filles de Charité sont établies, et des fonctions qu'elles y exercent.

FIN.

IMPRIMERIE DE H. FOURNIER ET Ce, RUE SAINT-BENOIT 7.

www.ingramcontent.com/pod-product-compliance
Ingram Content Group UK Ltd.
Pitfield, Milton Keynes, MK11 3LW, UK
UKHW020420220726
13923UKWH00005B/2070

9 782019 287450